与渴望联结

〔马来西亚〕林文采 著

北京联合出版公司
Beijing United Publishing Co.,Ltd.

图书在版编目（CIP）数据

与渴望联结：全 7 册 /（马来）林文采著 . -- 北京：北京联合出版公司，2020.3
ISBN 978-7-5596-3514-3

Ⅰ . ①与… Ⅱ . ①林… Ⅲ . ①儿童教育—家庭教育 Ⅳ . ① G782

中国版本图书馆 CIP 数据核字（2019）第 174418 号

北京市版权局著作权合同登记　图字：01-2020-0871

与渴望联结：全 7 册

作　　者：〔马来西亚〕林文采
选题策划：木晷文化
策划编辑：朱　笛
责任编辑：牛炜征
特约编辑：师丽媛
营销编辑：金　颖　黄思维
封面设计：思绪设计

北京联合出版公司出版
（北京市西城区德外大街 83 号楼 9 层　100088）
河北鹏润印刷有限公司印刷　　新华书店经销
字数 432 千字　　700 毫米 ×980 毫米　　1/32　　30 印张
2020 年 3 月第 1 版　　2020 年 3 月第 1 次印刷
ISBN 978-7-5596-3514-3
定价：138.00 元（全 7 册）

林文采

马来西亚籍华人，美国心理辅导学博士，美国临床辅导学博士。著名亲子教育专家，马来西亚萨提亚中心首席导师，中国 NLP 学院萨提亚首席专业导师。

从事辅导 25 年，担任广播电台心理辅导节目主持人 15 年。目前在马来西亚、中国等地进行教学、辅导工作。林博士以美国心理学博士的功底学习萨提亚模式，是目前不可多得的理论架构与个案治疗并重的萨提亚导师。

目录·contents

01

心理营养

从 1990 年开始，我在马来西亚做大量的心理个案咨询，在此期间接触了很多家庭，也接触了很多具有所谓“偏差行为”的儿童和青少年。

这些孩子，之所以会被父母带来见我，通常是因为行为不当或者带有严重的情绪问题，抑或是他们很难社会化，比如没有办法和别人相处，会突然之间情绪过激，伤害别人或者自己。他们中间有人不愿意去上学，导致父母和老师特别焦虑。

面对这些所谓的偏差行为时，我们会觉得奇怪——每个人天生都渴望人见人爱，被别人喜欢、接纳，为什么这些孩子会有偏差行为，使别人觉得厌烦呢？

在帮助很多父母改善亲子关系的过程中，经过大约 10 年，从上万例个案中，我终于发现，这些孩子是在成长过程中缺少了一些相同的东西，在心理学范畴里我首次把它们总结为“心理营养”，提出了“心理营养”这样一个理念。

从 2001 年开始，我就教导那些来咨询的父母怎样给孩子提供心理营养。当这些父母真正能够给孩子提供心理营养时，他们很惊奇地发现，孩子变得快乐有朝气，像得到滋养的种子一样，开始绽放生命的美丽。

给孩子心理营养，其实不难，这是一种能够使父母轻松，孩子也觉得非常快乐的教养方法。上万的孩子因此而改变，完全可以证明心理营养育儿法是实用的。

什么是“心理营养”

“心理营养”这个概念的灵感，其实来自“生理营养”。

一般来说，父母对于怎样给孩子补充生理营养知之较多，知道每个年龄段的孩子需要补充哪些营养素。当父母能够满足一个婴儿生理营养需求时，会看到婴儿到了 4 个月左右就会翻身，到了 6 个月左右就能够坐，到了 7 个月左右能够爬，到了 1 岁左右就可以自己走路了。

孩子从生下来开始，慢慢会翻身，会爬，会走，会跑会跳，最根本的原因是人类的天性，这是人类生命力的呈现，就像鸟会飞、鱼会在水里呼吸是动物的天性一样。

人类和动物不同的地方在于，人类不但有生理上的天性，还有心理上的天性，我把人类在心理上最主要的五种天性称为“五朵金花”，具体包括：

第一，爱的能力，能爱别人和希望被别人爱。

第二，跟别人连接的能力。

第三，独立自主的能力，能够自己自由地做选择。

第四，有价值感，有对精神生活的追求，希望自己活得有价值、有意义。

第五，有安全感，能信任自己、信任别人、信任这个世界，最大的安全感是信任自己。

任何人只要得到了足够的心理营养，这五朵天性之花就会像走路一样，自然而然发展出来。因此，只要父母给足孩子心理营养，孩子的五朵天性金花就能美丽绽放——能够去爱，去连接，去选择，去追求价值感，也能够有安全感。

那么父母能够给孩子的最好的心理营养，究竟包括什么呢？我把它归纳为下面五个方面：

第一，无条件的接纳。

第二，能够得到重视，也就是说我必须知道我在你心目中是重要的。

第三，能够获得足够的安全感，以便能和重要他人分离。

第四，得到肯定、赞美、认同。

第五，能够找到自己的榜样和模范，通过学习和模仿他们，促进自己的成长。

在后文中将会一一讲解，为什么这五个方面的心理营养对孩子来说特别重要，以及怎样给予孩子这五个方面的心理营养，让孩子能够积极向上，追求理想，自信阳光。

人类需要的五种心理营养

无条件的接纳

人类所需要的第一种心理营养——无条件的接纳。从出生到 3 个月大的婴儿，最需要的心理营养，就是无条件的接纳。

什么是无条件的接纳呢？为什么说它是人类需要的第一种心理营养？

婴儿刚来到这个世界时，没有能力为自己做任何事情。刚出生的婴儿，模样也不是很漂亮——皮肤皱皱的、红红的，五官也比较平，看不出长大会是什么样。他是否聪明，将来会不会优秀、成功……通通不知道。所以这个时候的孩子，几乎什么条件都不具备，单单因为他是你的孩子，你就能够无条件接纳他。

在孩子 3 个月之前，妈妈很容易接纳孩子，因为妈妈的身体在分泌一种叫作“苯乙胺”的激素，这和妈妈能够分泌母乳是一样的道理——当妈妈的身体分泌苯乙胺之后，在看自己的孩子时，会觉得这个孩子怎么看怎么好，哪怕他不停地哭，妈妈一点都不会觉得烦，心里反而会有一丝喜悦。

孩子则能够通过妈妈看他的眼神，妈妈的微笑、声音，以及触摸等，接收到这样的信息——此时此刻，在我没有任何条件可以作为交换时，妈妈完完全全地以我本来的样子接纳了我。这就奠定了将来，在孩子的人生中，他的内心常常保有一份自信。因为当孩子什么都不会、什么都不能做时，妈妈就已经无条件接纳他了。

看到这里，可能有人会问：我的孩子现在已经长大了，早已经不是 3 个月的婴儿了，他已经 3 岁甚至 13 岁了；作为妈妈，我的身体也早已不再分泌苯乙胺了——妈妈分泌苯乙胺大约只有 3 个月的时间——那我怎么为孩子补充心理营养呢？其实，不管孩子是 5 岁，还是 15 岁，甚至是 25 岁，只要孩子还在妈妈身边，妈妈都可以无条件接纳孩子，只是与孩子婴儿阶段相比，妈妈无条件接纳的难度增加了。

在具体方法上，无条件接纳孩子要怎么做呢？

第一，当孩子做错事时接纳孩子。要让孩子清楚地知道，这件事情是错的，但是，即使你做错了，妈妈还是一样接纳你。每个人都有做错事情的时候，当孩子做错事时，依然接纳孩子，不因为孩子的错误而给他负面评价。这不是溺爱，也不是“你做错了，当作你没有错”，而是让孩子清楚地知道，就算你做错了，妈妈还是一样接纳你这个人。

第二，当孩子做事没有达到父母的预期时接纳孩子。比如，妈妈希望孩子有礼貌，也教过孩子见了长辈要打招呼，但孩子目前还做不到，见人会紧张害羞，不敢问候。就算孩子做不到，无法达到妈妈的预期，妈妈还是要接纳孩子，而不是去批评他：“你怎么不跟叔叔阿姨打招呼，妈妈不是教过你吗？”

第三，当孩子失败时接纳孩子。孩子不是做错事，而是努力去做却还是失败了，这时要接纳孩子，不对他做出负面评价。比如孩子去参加一个比赛，很努力但还是输了；孩子很想考进某所重点大学，读书一直很用功，但是高考确实没有考好……在孩子觉得自己很失败时，父母依然接纳他，这样孩子就会感受到，自己是被父母无条件接纳的。

第四，当孩子有负面情绪时接纳孩子。比如孩子生气了，甚至特别愤怒，乱发脾气；或者孩子特别难过，感到悲伤痛苦……此时也要接纳孩子。孩子的情绪生而有之，他的生气、嫉妒、悲伤、痛苦，都是他这个人的一部分。所以看到孩子有负面情绪时，父母可以简单地对孩子说“孩子，我看到了，你现在很生气”，或者“孩子，我知道，你一定很痛苦”。父母能够接纳孩子的负面情绪，也是无条件接纳孩子的表现。

上面提到了四种特别不容易做到无条件接纳的情况——当孩子做错事时，当孩子达不到父母的预期时，当孩子失败时，当孩子有负面情绪时，父母依然能够清楚地让孩子知道“我接纳你”，那么无论孩子长到多大，都能够获得心理营养的补充。其实，父母对待自己也可以这样，无条件接纳自己，为自己补充心理营养。比如，希望自己温和善良，但一时在某件事上做不到，没关系，接纳自己的不完美，不必过分苛责自己。

这一节讲了第一种心理营养——无条件接纳。对于0~3个月的孩子，因为苯乙胺的影响，妈妈很容易接纳孩子。妈妈身体分泌的苯乙胺，跟孩子心理营养的需求刚好相配合。孩子长大以后，妈妈也能够通过以上方法，做到无条件接纳孩子，给孩子补充心理营养。

在你的生命中我最重要

人类所需要的第二种心理营养，就是在生命之初，孩子需要有人——简单来说，这个人就是孩子的妈妈——把孩子看成她生命中最重要的人。也就是说，在生命之初，孩子能够清楚地知道："我是重要的，我比照顾我的那个人——我的妈妈，或者其他的照顾者更重要。"我把这种心理营养称为"在你的生命中我最重要"。

婴儿能够通过自己的一举一动引起妈妈的注意，从而证实自己的重要。比如，当婴儿哭泣时，妈妈的血压就会微微上升，对此婴儿是知道的，他知道自己的任何一个动作都能引发妈妈情绪上的改变，由此证实——我，能够牵动妈妈的心；我，在妈妈的心里是最重要的。这会让孩子感受到自己非常重要，从而证明自己的生命价值。

当孩子已经长大，不再时时刻刻牵动妈妈的心时，孩子怎么知道自己在妈妈心里是重要的呢？

有一次，一个女孩和她的妈妈一起来找我咨询。我一看就知道，这个孩子一定患有厌食症。

在咨询过程中，我问了孩子妈妈一句很重要的话："这个孩子在你的心目中重要吗？你爱她吗？"妈妈马上说："当然了，你看，我愿意为孩子做这么多事情，我当然是爱她的。"我接着说："孩子妈妈，你不用说这么多，你能不能简单告诉孩子——孩子，你对我是重要的，我很爱你。"然后妈妈马上这样对孩子说了。我就转而问孩子："刚才你的妈妈说，她是爱你的，你在她的心目中是重要的，你相信吗？"这个孩子听了马上就摇头，表示她根本就不相信。这时，孩子妈妈的眼泪像断了线的珍珠一样流下来。

咨询临近结束时，我又问这个妈妈："你爱这个孩子吗？她对你而言是不是重要的呢？"这一次，妈妈马上转过头对孩子说："孩子，你很重要，我很爱你。"我又转而问孩子："妈妈又说了，她很爱你，你很重要，你相信吗？"孩子这次没有马上摇头，她想了很久，最终还是摇头了。我看到，孩子妈妈又在掉眼泪。

很明显，这位妈妈肯定是爱孩子的，可问题是——孩子知道吗？虽然这位妈妈心里真的很看重孩子，也真的很爱孩子，但孩子没有吸收到“我是重要的，在妈妈的生命里我最重要，我甚至比妈妈更重要”的心理营养。孩子缺乏这样的心理营养就会出问题，比如厌食，或者滥用暴力、打架惹祸等，为的就是得到别人的注意和重视。

如果妈妈发现孩子的心里有这种缺憾，想要弥补心理营养，需要怎么做呢？

最好的方法，就是给孩子个人的专注时间。简单来说，如果想让孩子知道“我是重要的”，首先妈妈要愿意花时间在他的身上，不但要花时间在他的身上，还要把注意力完全投注在孩子身上。

有一样东西是孩子最讨厌的，从某个角度来讲也是孩子最大的一个敌人——手机。很多父母本来陪伴孩子的时间就少，陪伴过程中还无法专注在孩子身上。比如跟孩子一起出去散步，大部分时间不是和孩子沟通、倾听孩子的话，而是专注在手机上。这样孩子是没有办法收到“我是重要的”心理营养的。

如果想给孩子一些专注的个人时间，可以做些什么呢？第一，陪伴孩子，跟孩子一起玩；第二，当孩子跟父母说话时，父母要专注地倾听；第三，在一些重要的节日里，要精心安排，和孩子共度美好时光；第四，在日常生活里刻意安排一些时间跟孩子一起活动，比如一起打球、逛街等。

专注于与孩子相处的时间，最能够让孩子知道——不管我到了什么年龄，我在父母的心目中都是重要的，因为他们愿意把时间花在我的身上。

如果父母不愿意花时间在孩子身上，就等于告诉孩子：“你在我的生命中没有一席之地。”有的父母会说，我没有时间精力陪孩子，因为我要去工作，要养家糊口，要给孩子买他喜欢的东西……但是，这对孩子来说是不够的。如果父母没有花时间在孩子身上，没有听孩子说话，没有陪伴孩子，没有在孩子需要的时候站在他的身边支持他，那么孩子无论如何都收不到这个信息——在父母的心目中，我是非常重要的。

由此孩子可能会做一大堆事情，用很多方法，只为获得父母的注意。有些孩子甚至会认为：如果我无法用正面健康的方法来引起父母对我的注意，那么我就用一些不健康的方法——比如打架、生病——来引起他们的注意。当父母注意到孩子的反常，不得不花时间在孩子身上，甚至打骂孩子时，孩子才会觉得自己被看见、被重视。

没有得到父母的重视，缺乏“在你的生命中我最重要”这种心理营养，会成为孩子一生的痛。将来到了恋爱结婚时，那些没有被重视的孩子，往往会不断要求配偶向他保证，他是重要的。这就是因为年幼时他的心理营养一直都没有补足。

这一节讲了第二种心理营养——在你的生命中我最重要。孩子渐渐长大，做父母的要多花时间专注在孩子身上。即便工作实在很多，也要每天留出一点专门的时间来跟孩子互动。只要能让孩子感觉到，至少有一段时间可以绝对拥有爸爸妈妈，孩子就不会有问题。

安全感

人类所需要的第三种心理营养是安全感。从 4 个月一直到 3 岁，差不多 3 年的时间里，孩子最需要吸收的心理营养，就是重要他人——尤其是妈妈——给予的安全感。

首先解释一下什么是“重要他人”。“重要他人”是一个心理学概念，指的是在孩子心理人格形成及社会化过程中，对孩子有决定性影响的人。这个人由孩子自己挑选，最初、最本能的选择当然是爸爸妈妈，如果没有选择爸爸妈妈，可能会选择祖父母、老师或其他长辈。因为孩子的第一个重要他人通常是妈妈，所以下面就用妈妈来代表重要他人。

在 3 年的时间里，孩子都需要妈妈给他安全感，到了 3 岁时孩子吸收了足够多的安全感，才能和妈妈分离，在心理上真正成为一个人。

而 3 岁之前的孩子，我们称为“共生体”。什么叫“共生体”？孩子最初是在妈妈的子宫里长大的，他的生命和妈妈是一体的，这就叫共生体。孩子要在妈妈的子宫里生活近 10 个月，不是一个独立的生命。孩子出生后的第一件事，必然是剪断脐带。在生理上，当孩子的脐带被剪断时，他就成了一个独立的人，不再是一个共生体。

可是，在心理上却不是这么简单。在心理上，孩子与妈妈的共生期不是 10 个月，而是延续到 3 岁。也就是说，孩子的“心理脐带”是在 3 岁前的分离过程中一点一点被剪断的。在这 3 年中，孩子需要妈妈给他很多安全感，直到他准备好分离。如果这个分离过程没有做好，孩子可能永远也不知道如何独立。

那在这 3 年里，妈妈如何给孩子提供足够的安全感呢？可以从三个方面来做。

第一，注意妈妈的情绪。妈妈的情绪越稳定，孩子的安全感越足。基本上，妈妈不需要特别做什么，只要让自己的情绪稳定下来，对孩子而言就是最安全、最好的妈妈。所谓情绪稳定，并非说妈妈不能有任何情绪，而是妈妈不会为了小小的事情就乱吼发飙，歇斯底里发脾气。处于焦虑状态的妈妈，很难心平气和，常常会担心这个、担心那个。暴躁的妈妈，一不高兴就会为了很小的事情，发很大的脾气，甚至随意打骂孩子。而情绪稳定平和的妈妈，只要陪在孩子身边，观察孩子需要什么，然后满足他，就是孩子安全感的最好来源。

第二，注意夫妻之间的关系。孩子的爸爸妈妈之间关系越和谐，孩子就越有安全感。因为爸爸妈妈就是孩子的天和地，如果两个人常常吵架，相互指责，甚至要离婚，那么孩子就会觉得不安全，感到害怕。

第三，允许孩子独立自主。在孩子表现出想要独立自主的时候，需要妈妈的“允许”——允许孩子自己做决定，选择分离和独立。

肯定、赞美、认同

人类所需要的第四种心理营养——肯定、赞美、认同。

3 岁的孩子，能够跟妈妈分离，才在心理上真正成为一个人。那么这个刚刚感受到自我意识的幼儿，到了四五岁时，最想知道什么呢？他很想知道：我可以做什么，不可以做什么；我可以说什么，不可以说什么；跟其他小孩相比，我到底是一个怎样的孩子——我聪明吗？我美丽吗？我能做什么，我有能力吗？——关于自己的能力、品性、优点和特点，孩子都非常想知道。

四五岁的孩子，最需要得到的心理营养，就是父母的肯定、赞美、认同。

对于这个年龄段的孩子来说，家里有一个人，也就是孩子的爸爸，是特别重要的。那个原本常常黏着妈妈、很少注意爸爸的孩子，到了四五岁时，会对爸爸特别感兴趣。他想要跟爸爸在一起，通过爸爸对他的评价，知道自己到底是一个怎样的孩子，够不够好，优点和特点是什么……

如果说在安全感的给予方面，妈妈比爸爸更重要，那么在肯定、赞美、认同方面，爸爸的重要性要大过妈妈。当然，这并不是说妈妈就不用肯定、赞美、认同孩子，只是孩子四五岁时，爸爸对孩子的影响确实非常大。爸爸可以通过非常简单的肯定、赞美、认同，送给孩子三个礼物。

这三个礼物是什么呢?

礼物一：帮助孩子建立自己的人生观。

为了得到父亲的肯定、赞美、认同，孩子会尽全力去做父亲认为对的事情，孩子的人生观就是在这个过程中建立起来的。所以，父亲通过肯定、赞美、认同，能够帮助孩子建立自己的人生观。

礼物二：帮助孩子树立自我形象。

所谓“自我形象”，就是孩子觉得自己怎么样，有什么优点和特点。这个自我形象不只是外在的——别人怎么看我，也是内在的——我怎么看我自己。以我自己为例：在我4岁时父亲给了我人生的第一个肯定——他说我是一个聪明的孩子。然后，我就简单地相信，我一定是聪明的。后来不管谁说我笨，我都不相信，我只相信父亲说的——我是一个聪明的孩子。

所以做父亲的一定要常常关注，孩子哪些方面做得好，而且在当时就要通过语言或者非语言方式告诉孩子，比如：我看到了，你做了什么事，你是一个非常负责任的孩子……一定要在当时非常具体地告诉孩子，在哪些方面他做得好。

通过肯定、赞美、认同，父亲可以帮助孩子树立自我形象。对自我形象有底气的孩子，抗压力、抗挫折力都会特别好。孩子的一生中难免面对挫折，一定会有失败的时候，一定会遇到让自己很沮丧的事情。如果小时候能得到父母的肯定、赞美、认同，孩子就会对自己有信心，有勇气面对各种压力和挫折。

礼物三：帮助孩子建立自我的性别认同。

什么叫作“自我的性别认同”呢？比如，你家生的是儿子，父亲肯定、赞美、认同儿子，会让儿子非常高兴自己是个男孩，然后尽力把男性的特质发挥出来。如果你家生的是女儿，父亲肯定、赞美、认同女儿，女儿就会非常高兴自己是个女孩，长大了以后会尽力把女性的特质展现出来。

上面提到的三个礼物，都是通过非常简单的肯定、赞美、认同就能送给孩子的，并且会对孩子产生非常重大的影响。因为四五岁的孩子没有办法自主地知道自己是怎样的，都是通过重要他人对他的评价和对他的肯定、赞美、认同才能够了解。

具体的方法，首先是通过语言来表达肯定、赞美、认同。

在语言方面要注意三点：第一，不要称赞孩子做事的结果，而要称赞孩子努力的过程；第二，要在当下及时告诉孩子，看到了他的什么优点，千万不要等到很久以后再说；第三，肯定孩子要尽量具体，不要泛泛而谈，比如不要只对孩子说“你很善良”，而要告诉他，你怎么知道他是善良的。

除了语言以外，还可以通过非语言的方式来表达肯定、赞美、认同。

当孩子做得好的时候，可以通过非语言的方式，比如肢体语言表达肯定、赞美、认同。比如，可以对他微笑，拍拍他的肩膀，摸摸他的头发，或者给他一个拥抱，或者竖起大拇指……甚至有时可以给孩子一些特权，比如平常孩子只能看一小时电视，因为孩子某件事做得好，非常想肯定、赞美、认同他，那么可以给他一张卡片，上面写着“看电视 30 分钟特权”，孩子可以自由花费这 30 分钟，但底线是不能做伤害自己的事，也不能伤害别人。

这些都是为了让孩子知道：孩子，我看到了，我很高兴，我很欣赏你。这样能让孩子知道他是一个怎样的人，为孩子的自尊和自信建立基础。

这一节重点讲了四五岁的孩子所需要的心理营养——肯定、赞美、认同。爸爸妈妈都可以给孩子这样的心理营养，但是爸爸的作用会更大一些。只是简单地通过肯定、赞美、认同的表达，父亲就能给孩子三份相当重要的礼物——建立孩子自己的人生观，树立孩子的自我形象，建立孩子性别的自我认同。肯定、赞美、认同的方法有很多，可以分为语言的和非语言的。至于在生活中如何具体去表达，书中会做细致的讲解。

模范

人类所需要的第五种心理营养是模范。

什么是“模范”呢？孩子从6岁开始会不断寻找榜样，作为自己模仿的对象。孩子想要模仿的榜样，一般是他的重要他人。前文提到，重要他人是对孩子有决定性影响的人，因为父母最重要，所以这里用父母指代孩子的重要他人，也就是孩子模仿的榜样。

那么孩子想要模仿什么呢？

首先，他会模仿父母的声调、说话的方式、动作、表情等。

孩子就像一台录像机，会把父母所有的表情、语气、动作等都录下来。然后，他会自然地把这些内容存在大脑的某个地方，并开始刻意模仿父母。

比如，有时候说一个孩子像他的父母，实际上可能在样貌和五官上并没有那么相似，真正像的地方是神态、表情或者说话的方式。因为孩子在刻意模仿父母，所以从整体来看会觉得孩子非常像父母。

再比如，有时候会说一对夫妻很有夫妻相。是不是两个人真的那么像呢？不是的，而是他们结婚以后非常相爱，都把对方当作自己的重要他人。在一起过日子的过程中，他们会慢慢地、下意识地互相模仿。久而久之，两个人在语气、表情和行为上都会很像。所以别人看到他们时就会觉得这两个人很相似，说他们有夫妻相。其实，这也是模仿的结果。当某一个人愿意模仿另外一个人时，表示他在内心里已经把对方当成自己的重要他人了。

除了模仿外在的声音动作表情以外，孩子还会模仿什么呢？

孩子最想要模仿的，其实是父母如何应对这个世界。

第一，模仿父母怎样去面对问题。

在生活中各种问题、困难来临时，父母的态度是怎样的。比如，在面对压力时，父母是迎难而上还是逃避退缩呢？遇到难题时，父母是怎样处理的？孩子会把这些应对态度和方式都存入大脑，作为将来应对类似问题的第一参考。

第二，模仿父母怎样处理人际关系。

比如，父母在面对喜欢的人时，是否会表达出来，如何表达？遇到讨厌的、不喜欢的、强势的人，父母又是如何应对的？这些都会在孩子的心里起到模范作用。

第三，模仿父母怎样处理情绪。

孩子在处理情绪问题时，会先观察父母是怎样做的。

比如，父母愤怒时会怎么做？父母悲伤时会不会把悲伤表达出来？所有这些情绪的表达方式，孩子也会放在心里作为模仿的范本。在这样一个模仿的阶段，孩子看到的、听到的、感受到的，加上自己本身原有的天生气质，以及成长的实际经历，都会影响孩子将来面对情绪问题时的处理方式和处理态度。

因此，只要父母和孩子的关系良好，孩子肯定会把父母当成重要他人，父母不用担心其他人的教养方式会对孩子产生不良影响，父母只要把自己做好，孩子就会模仿父母来处理问题，包括行事为人和人际关系等。

那么，作为孩子模仿的对象，父母应该怎么做呢？

第一，所有想要教导孩子的内容，父母必须以身作则。比如，不能对孩子说："孩子，你也知道，爸爸的脾气不好，你千万不要学你爸爸啊！你一定要控制好自己的情绪，不要乱发脾气，遇到事情时要心平气和的。"其实这样说一点都没有用。因为孩子不会去做"你说的"，而是看"你做的"——就像一个录像机，把父母的言行举止记录下来，存在大脑里作为参照去面对生活。

第二，父母必须在孩子身边，让孩子有机会看到和模仿。有些父母自身非常好，但是孩子一点都没有学到。这是为什么呢？因为孩子看不到！这些父母实在太忙碌了，忙于工作，很少在家里。虽然父母各方面都很好，但是孩子压根儿没有机会看到，因此父母没有办法成为孩子的模范。

综上所述，我们了解到孩子模仿的特性，以及为什么需要模范的心理营养。作为孩子的重要他人，作为孩子重要的模范，特别是在孩子 6 岁以后，父母一定要注意两点：第一，想要教孩子什么，父母首先要以身作则；第二，父母的模范教导，必须让孩子有机会看见。

本书的内容和价值

下面，我想简单分享一下，这套书包括哪些内容，读者能够从中收获到什么。

我挑选了父母最关心的养育难题，比如孩子性格胆小内向怎么办，好习惯是怎么培养出来的，孩子爱发脾气怎么办，孩子被欺负了怎么办，孩子攻击性强爱打人怎么办……聚焦一个难题，把这个难题的来龙去脉分析清楚，给出切实可行且有效的解决方法。

我从事育儿辅导咨询工作，至今已经 27 年，根据我在马来西亚和中国的实践过程中遇到的真实案例，我选取了一些有代表性的案例和问题，通过对这些真实案例的分析，使读者对育儿有更全面和透彻的理解。

表面上看起来各不相同的问题，背后的解决方法都是围绕着“怎样给孩子补充心理营养”来谈的，所以通过深度分析有关育儿的典型问题，读者逐渐可以学会自己运用心理营养育儿法，举一反三地解决遇到的其他育儿难题。

我常常对父母说的一句话是：养孩子有什么难呢？如果养孩子养到披头散发的地步，十有八九是你用错方法了，现在就是一个重新学习的好机会。

天生气质

首先来区分两个概念：人格和天生气质。

人格包括两个部分：一是天生气质，二是后天培养。天生气质与后天培养相互作用的结果，叫作人格。

所以，对孩子来说，天生气质是更本质的，与平时所说的性格、人格是不一样的，是孩子来到这个世界时与生俱来的东西。天生气质大致可以分为五种类型：乐天型、忧郁型、激进型、冷静型、奉献型。

孩子的天生气质和父母的遗传没有关系。比如，爸爸是冷静型，妈妈是冷静型，爷爷奶奶也是冷静型，即使如此，孩子完全可能是乐天型或者激进型。天生气质不具备遗传性，是每个人与生俱来的特质。

五种天生气质在每个人的身上也都是并存的，只是所占的比例不同。比如，当我们说一个人是乐天型时，不代表他所有的气质都是乐天型的，只是说这个人显示出来的气质里最多的是乐天型，而其他气质成分比例不高、不那么明显。一个乐天型的人，可能是 50% 的乐天型 +5% 的忧郁型 +25% 的激进型 +10% 的冷静型 +10% 的奉献型。

在育儿方面，父母如果能够辨别孩子的天生气质，因材施教，顺着孩子的天生气质来培养他，就会事半功倍。父母培养孩子时，是否允许孩子把他天生气质里成分最多的那部分激活，跟父母对孩子天生气质的了解和因材施教有很大的关系。

有些父母，习惯于依照自己的天生气质来养育孩子。比如父母是激进型，那么当孩子表现出乐天型气质时，父母就容易去打压孩子，鼓励或者推动发展孩子的激进型气质，而孩子的激进型气质不管怎么发展，发展到极致可能也只有 25%，而那 50% 的乐天型的优点和特点，可能完全没有机会发挥，这样孩子可能会怀疑自己到底是怎样的人。

孩子的天生气质有哪些类型？

下面对五种天生气质做个简单的介绍。如果父母能够认识、了解孩子的天生气质，就能帮助孩子充分发展他们最大的优点和特点。

乐天型

乐天型孩子是真正外向的孩子，非常热情、开放，而且最大的优点是非常感性，很有同情心，愿意花时间和精力去帮助需要帮助的人。跟这类孩子在一起会感觉非常温暖，而且他们愿意让别人感受他们的爱和温暖。

乐天型孩子最需要的心理营养就是肯定、赞美、认同。这类孩子如果没有得到重要他人给予的肯定、赞美、认同，一方面很难被教育，另一方面不愿留在家里。他们非常需要人际关系，做决定时会将人际关系作为最重要的考量因素。简单来说，对乐天型孩子来说，谁跟他的关系好，谁就是他的重要他人；谁愿意给他肯定、赞美、认同，他就会听谁的。所以乐天型孩子的父母，一定要先处理好亲子关系，在日常生活里经常用肯定、赞美、认同来鼓励孩子、教育孩子、滋养孩子。

忧郁型

忧郁型孩子的特点是特别敏感，对所有事物都有很深入的感受，在天性上比较倾向完美主义，所有事情都要做得非常好。

因为太敏感，所以他们在人际关系上比较容易出问题。对于别人讲过的话、做过的错事，他们常常记忆深刻。所以如果别人得罪了忧郁型孩子，他会记好几年。而且忧郁型孩子也不肯放过自己，对自己也比较认真、苛刻，常常自我批判。他们会习惯性地先看到人的缺点，相对比较悲观。忧郁型孩子，对自己承诺过的话、答应做的事非常负责和认真，一定会把答应的事情做好，否则不会放过自己。

忧郁型孩子人生最重要的目标，就是追寻真善美，所以属于注重精神生活、比较有灵性的类型。

激进型

激进型孩子的特点是精力特别充沛，意志力特别坚强，自我克制能力特别强，特别自律，一般来说性格非常坚毅、刚强，行动快速高效。

激进型孩子的人生导向，就是完成既定的目标。比如，交什么样的朋友、读什么样的书，都要盯着目标——对于符合目标的，他们会勇往直前，从不气馁，不管面对什么挫折都能从头再来。他们的人生终极目标就是一定要有成就，对于想要的成就，他们愿意倾其一生。

冷静型

冷静型孩子的特点就是特别冷静。他们不会显露太多的情绪，也从不去破坏东西。他们追求和谐，讨厌和别人冲突，会尽可能跟别人和睦相处。

冷静型孩子跟忧郁型孩子一样，是任务导向——非常注重自己的承诺，无论如何都会想办法完成。他们的人生终极目标，是做一个跟别人和睦相处的人。

奉献型

奉献型孩子性格温和，愿意为别人服务，把别人的快乐当作自己的快乐。他们的人生终极目标就是被别人需要。他们愿意付出，只是为了让别人觉得他们很重要，是需要他们的。

奉献型孩子的人生导向，跟乐天型孩子一样，以人际关系作为最重要的标准。谁跟他们的关系好，谁就能够推动他们去做很多事情。他们虽然比较谦和，但是如果付出没有被看到、重视和注意，就会产生很多负面情绪，甚至会影响自己的生理或者心理健康。

如何判断孩子的天生气质?

孩子的天生气质，具体怎么判断?

孩子的天生气质其实很复杂，一个孩子的天生气质不是单一的，而是各种类型并存，到底有多少比例能在生活中呈现出来，还要看父母是怎样养育的。如果父母不喜欢或不接受，孩子真正的天生气质就可能被压制，孩子不敢把本性表达出来，而更多地去发挥父母喜欢或者愿意接受的天生气质。

所以，要想了解孩子的天生气质，首先要多去观察孩子的气质，而不能单单根据孩子的行为来判断。孩子年龄越小，越能够表现出天生气质，因为天然的气质必然会先发挥出来。等孩子长大一些，父母才会凭着自己的认识或爱好去培养孩子。所以，6 岁之前的孩子，整体来说比较容易从气质上做判断。

首先，把孩子分为两大类：一种是比较外向的孩子，一种是比较内向的孩子。

天生气质里有两种是特别外向的，一种是乐天型，一种是激进型。整体来说，这两种天生气质的孩子都是比较外向的。他们显示出来的气场、力量和能量，都是比较强大的。他们通常需要更多的社交活动。激进型孩子是跟着目标去做事，在人际关系上比较主动。乐天型孩子则是真正外向的孩子，在人际关系上非常主动。

同样是外向的孩子，如何判断属于乐天型还是激进型呢?

两者最大的差别就是：激进型孩子一旦定下了目标，就不会轻易改变，会不断地去尝试，用各种方法把目标完成。他们意志力强大，很能吃苦，性格刚毅，能够面对非常大的压力，为了实现目标可以做出很大牺牲。

同样外向的乐天型，就不会这样。乐天型孩子也会定一个目标，但是如果遇到挫折，在所有天生气质的类型里，乐天型孩子最容易放弃原来的目标。他们非常不喜欢压力，如果觉得压力很大，很快就会放弃。对乐天型孩子来说，放弃一个目标并不是什么大事。所以乐天型孩子容易被认为没有计划，没有很好地去思考，有想法就会冲上去做，碰到挫折时也容易放弃。

同样是内向的孩子，如何判断属于冷静型、奉献型还是忧郁型呢？

冷静型孩子，不管是交朋友还是做其他事情，都十分谨慎小心。内向的孩子，大多属于冷静型。冷静型孩子是真正的内向，他们非常本分，能够随遇而安，内心对周围的人和事物都不敏感，基本的想法就是：我把自己的本分做好就可以了。

奉献型孩子，看起来很像冷静型孩子，也比较温和、内向，但内心却很羡慕外向的人，这跟冷静型孩子不一样。奉献型孩子表面看起来内向，内心却非常在乎周围的人怎么看他，别人的情绪能够推动他去做一些事情，或者不做一些事情。比如你对一个奉献型孩子生气，表达了你的不高兴，即使他跟你没有什么特别的关系，他都会为了你很快去改变，去做能让你高兴的事。相比之下，奉献型孩子虽然外在看起来很随和，其实内在有很多情绪，特别是当自己的奉献、服务、付出没有得到肯定时。冷静型孩子则不是这样的。

忧郁型孩子，比较喜欢安静，常常需要独处的时间。表面看起来，忧郁型孩子可以表现得内向，也可以表现得外向。他们最特殊的地方，就是各种感官都特别敏感，很容易把别人说过的话、做过的事，特别是伤害过他们的，深深地放在心里。他们在交朋友上是有点傲气的，会有选择地交朋友，不像奉献型和冷静型这么随和。他们更喜欢独来独往，最不喜欢被人控制，如果有人要控制他们，他们会非常抗拒。

其实，天生气质是一门大学问。现在有关育儿的理论有很多，最好不要给孩子贴标签，多观察自己的孩子。所有类型的天生气质，每个孩子身上都有，只是哪一种比较多的问题。不管孩子属于哪一种天生气质，都要有针对性地养育。

如果养育的是乐天型孩子，就一定要跟他处理好关系，越是肯定、赞美、认同他，他越能好好学习。因为最能给他学习能量的，就是父母跟他的关系，作为他的重要他人，一定要给他非常多的肯定、赞美、认同。希望他往哪里发展，就在哪里特别注意和赞美他做得好的地方，这样最能帮助乐天型孩子。

如果养育的是忧郁型孩子，这类孩子很敏感，自己很想把事情做好，非常讨厌被控制，所以父母尽量不要批评忧郁型孩子，或者尝试控制他，要信任他，给他更多自由，给他心理营养。忧郁型孩子在足够的心理营养滋养下，会成长得特别好，各种优势都会展现出来。

如果养育的是冷静型孩子，他很可能比较谨慎小心，有可能各方面比较慢，而慢的主要原因是他需要思考，如果总是被催促，他就会变得非常无力。他有能力把自己的责任做好。父母需要做的就是多给他一点时间，让他跟着自己的节奏走，在他做到时不断给他心理营养，他就能够成长得很好。

如果养育的是激进型孩子，他本身非常有计划性，只要确定了目标，比如要做一个好学生，或者要在哪个方面有所成就，就会全力以赴。父母要做的，是从小培养他的是非观，培养他的同情心。

如果养育的是奉献型孩子，父母要让他知道，他所付出的父母都看见了，而且告诉他“谢谢你，孩子，你帮了爸爸妈妈一个大忙”，这是孩子最愿意听到的。不能因为奉献型孩子比较乖巧、温和，就忽略了他的付出，否则可能会付出非常大的代价。

了解孩子的天生气质，针对孩子的类型多加注意，就会有显著的效果。

我的孩子到底属于哪个气质类型？

案例
case

有一位妈妈说自己 12 岁的孩子很敏感，很会察言观色。比如他会问："妈妈，你怎么又皱眉了？"有时别人说一句话就会伤到他。他总是不高兴，情绪很多。妈妈和爸爸也总想着认可孩子的优点，可孩子似乎挺自卑的，他们给予的爱和认可，孩子似乎收到的很少。妈妈感觉孩子的天生气质是忧郁型，可是孩子又很外向，穿衣服喜欢亮色的，很喜欢交朋友，很像乐天型。另外，孩子对自己的要求很高，达不到就想放弃，没有节制。

妈妈还说，孩子喜欢要求妈妈为他服务，但反过来，让他为妈妈服务是很难的。孩子这么大了还喜欢让妈妈陪着睡，但是又讨厌妈妈唠叨，很难听进去教导和要求，更别说指责了。另外，孩子喜欢看漫画书、看电视、玩游戏，父母必须给他规定时间，否则就会一直玩下去。另外，他又似乎很喜欢惹父母发火，是个很考验父母耐心的孩子。

妈妈很想知道自己的孩子到底属于什么气质类型，以及如何帮助孩子成长。

首先，我们没有办法鉴定孩子属于什么天生气质类型。天生气质，只能够观察孩子整体是外向的还是内向的。如果整体来说，孩子属于比较外向的，基本上是乐天型或激进型；孩子属于比较内向的，那可能会是冷静型、忧郁型或奉献型。

其次，单从孩子的情绪表现来说，没有办法判断他的天生气质类型。一个孩子人格的发展、形成，并不单单来自天生气质，还来自后天培养。在这位妈妈的描述里，我们看到的更多的是这个孩子因为情绪表现出来的各种行为。不能根据孩子的情绪表现，或者因为情绪产生的行为，来判断他是什么天生气质。现在展现出来的只是心理营养不足的状态，就好像缺了阳光、空气和水，叶子是枯黄的、萎缩的。

再者，这位妈妈关注的多是孩子的问题，而不是心理营养。妈妈看待孩子时，更多地专注于孩子存在的问题，有可能改了孩子的一个偏差行为，又会有第二个偏差行为出现，再改第二个偏差行为，又会出现第三个偏差行为……这样随着孩子慢慢长大，问题就会越来越多。

其实父母要做的，不是专注于孩子的问题，而是如何给孩子足够的心理营养。

案例中的妈妈说，孩子看电视、看漫画书、玩游戏，一定需要规定时间，否则就会一直玩下去。妈妈觉得这是一个问题，其实在我看来这根本就不是问题。因为大部分孩子在 10~13 岁时都需要父母帮助规定时间。妈妈规定了时间，孩子能够遵守约定，这已经非常棒了。这时妈妈恰恰应该肯定、赞美、认同孩子，比如“你能遵守约定的时间，真的很棒”。

不管哪种天生气质的孩子，心理营养都是必需的，都需要肯定、赞美、认同。父母不要有过高期待，总是关注孩子做不到的，应该多去关注孩子做得好的地方。比如，孩子能够按照约定，到规定的时间就不玩了，父母觉得这是孩子应该做到的，就想提高要求，希望孩子不用父母约束自动自发就能做到，这就是过高的期待。其实孩子做到遵守时间，已经有过挣扎，有过努力，最终遵守了这个规定。父母一定要看到孩子做出的努力，而不是把孩子的努力视为理所当然，去提更高的要求。

这位妈妈说虽然总想着认可孩子的优点，可孩子似乎挺自卑的。那么，父母是否真的在日常生活中看到了孩子的优点？总想着要认可孩子，那么真的这样做了吗？光想没有用，心理营养不是用头脑想想就可以给到孩子的，一定要花费时间在生活里实际做出来，这样孩子才能建立起自己的价值感。孩子的自卑就是在告诉父母，他的价值感不够，而他的价值感不够，正是因为父母没有给足孩子心理营养。

妈妈提到，对于父母给的爱和认可，孩子收到的很少。为什么呢？绝对不是因为孩子是忧郁型。这表示孩子对于父母所表达的爱和认可是非常怀疑的！孩子需要的，是父母看到孩子进步后真心实意的肯定、赞美、认同。父母表达爱和认可时，是否按照孩子能够接收到的方式来做，这太重要了。孩子没有收到，就等于没有做。所以一定要用孩子能够接收到的方式，来表达对他的爱。

不同的天生气质，就好像不同种类的花，无论是玫瑰花、茉莉花、菊花还是百合花，每种花都是美丽的。同样地，不管是乐天型、忧郁型、冷静型、激进型还是奉献型，每个孩子都有自己独特的天生气质，都有自己成长的天空。

案例

case

有位妈妈，儿子 6 岁了。她说儿子看起来挺外向，平时话也很多，总想表达自己。但是父母叫他做什么都叫不动，比如让他遵守基本规则，他就会问："为什么要遵守呢？"他对不愿意做的事会有很大的情绪，而且说话很伤人，不懂得尊重他人……妈妈问，儿子是什么气质类型，又该怎么引导他呢？

判断孩子的气质类型，需要父母多多观察，多从气质方面了解孩子，看看什么教育方式对他是最有效的。

妈妈提到，让孩子遵守基本规则，他不想遵守，叫他做什么都叫不动，他对不愿意做的事有很大的情绪……妈妈没有提到的是，对这个孩子补充过哪种心理营养，对他的教导是否有效呢?

如果这个孩子真是外向型的，可能整个人都比较主动，表现欲和表达欲比较强，更像乐天型气质，那么妈妈就要问自己：对于这样的孩子，用什么方法教导是最好的?

乐天型孩子非常注重关系，对于温暖的、有同情心的话语，听了以后会很受触动。

举例来说，妈妈想要教导孩子在早上看到爷爷时要说“爷爷，早安”，如果孩子问“为什么我要这样做”，妈妈怎么说呢？如果跟乐天型孩子讲道理，比如说“你跟爷爷说早安，爷爷会觉得你有礼貌，你要做一个有礼貌的孩子，将来别人才会觉得你有教养”，孩子是听不进去的，或者听了之后没有感觉、无动于衷。但是如果跟乐天型孩子说“你跟爷爷说早安，爷爷听了心里就会觉得很温暖，就会觉得孙子是爱他的”，这种充满温情的感性的话，乐天型孩子就能够听进去。最能够感动乐天型孩子的，就是人与人之间的关系，以及温暖的、感性的东西。同样，乐天型孩子对于惩罚类的话，也完全听不进去。

再比如，一个乐天型孩子养了一只小乌龟，后来没有办法继续养了，那么怎样让这个孩子同意把小乌龟放生？如果跟他讲道理，比如“放生是在做善事”，孩子是听不进去的。如果跟孩子说“你听听看，小乌龟在说话呢，在说什么呢，小乌龟说我要回家了”，那么孩子有可能就听进去了。

因此，了解孩子不同的天生气质，是为了让父母知道孩子是什么导向的，最在乎的是什么，然后有针对性地教导他，这才是最好的方法。

所有的花都需要阳光、空气和水，但是不同的花又有不同的需求，比如玫瑰花需要很多肥料，向日葵需要很多阳光，百合花需要很多水分。同理，所有的孩子都需要心理营养，但是因天生气质不同而有不同的需求。

如果不知道孩子属于哪种气质类型，就好好地补充心理营养；如果知道孩子属于哪种气质类型，就会知道他最在乎的是什么，最能打动他的是什么，他在寻找的目标是什么……针对他的特质来养育，用最省力的方法，帮助孩子把最美丽的部分绽放出来。

03

重要他人

所谓“重要他人”，是指那些能够给予孩子心理营养的人。和孩子关系好的人，给予孩子的接纳、信任或者肯定、赞美、认同，所产生的力量，是无法与重要他人相比的。重要他人所做的，能够被孩子吸收进入内在系统。孩子的头脑里就像有台摄像机，会把重要他人的言语和行为全部录下来，作为孩子行事为人的模范。

重要他人和与孩子关系好的人，有区别吗？如果有，主要的区别是什么？

重要他人不只是跟孩子关系好的人

一般来说，重要他人不只是跟孩子关系好的人。有些人即使跟孩子的关系不好，也有可能成为孩子的重要他人，孩子想要去模仿他，从他的身上吸收心理营养。比如孩子的父母，也许和孩子的关系不是那么好，但所有父母都会自动成为孩子的重要他人。当然孩子也可能会放弃原有的重要他人，因为已经没有办法从他的身上获得心理营养，放弃之后再去寻觅新的重要他人。

并非所有关系好的人都是重要他人

并非所有关系好的人都是重要他人。充足的心理营养，就像阳光、空气和水，能让生命的花朵完全绽放。能够给予孩子心理营养，点燃孩子的生命，让孩子的生命之花绽放，让孩子愿意模仿的那个人，才是重要他人。